• **하품예품 개념화 공과**는 하나님께서 기뻐하시는 좋은 성품중에 52개의 개념을 뽑아 다양한 방법으로 학습하게 하였고, 학생이 좋은 성품의 개념을 쉽게 이해할 수 있도록 비션(우리말성경)을 인용하였습니다. 교사는 먼저 그림을 통해 이야기를 들려줍니다. 학생의 수준과 특성에 따라 쉽고 단순하게 혹은 구체적으로 들려주도록 합니다. 그림으로 이야기가 제시되기 때문에 교사가 먼저 그림을 이해하고 묵상함이 필요하고, 도입부이기에 학생이 전체의 흐름을 알 수 있도록 도와줍니다.

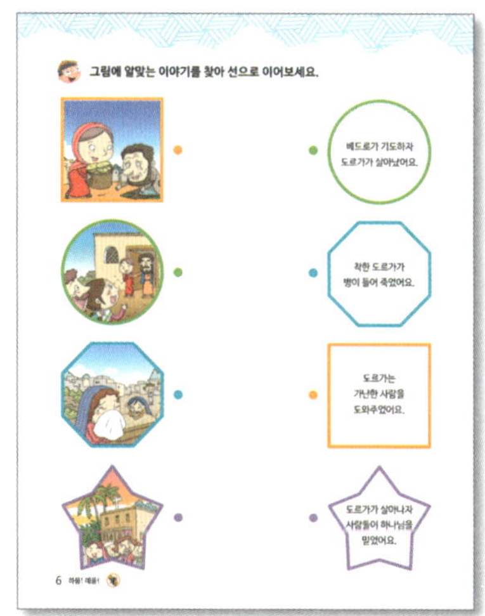

• **성품심기**

학생이 좋은 성품에 대한 이야기를 듣고 관련된 활동을 통해 개념을 다시 반복함으로 성경본문의 내용을 인지 시키는 데 도움을 줍니다. 선긋기, 색칠하기, 퍼즐맞추기, 미로찾기 등 다양한 활동을 제시하여 학생들의 수준별 학습이 가능합니다.

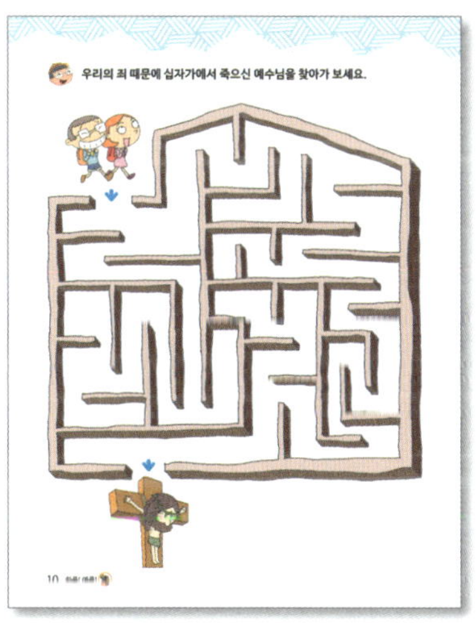

• **성품맺기**

이야기의 주제를 학생이 각자의 삶속에 적용할 수 있도록 예시와 행동을 제시하였고, 단어 카드와 기도로 전체 개념을 이해시켜 하나님의 성품이 무엇인지를 알게하며 그것을 닮아갈 수 있도록 길을 열어줍니다. 이번 하품예품 개념화 공과를 통해서 삶 가운데 역사하시는 하나님을 닮기를 소원합니다.

도서출판 한장연은 쉽고 재미있으며 오랫동안 기억에 남는 시청각교육자료를 통하여 생명의 복음을 전하고자 설립되었습니다. 그동안 하나님의 특별한 은혜로 한장연에서 출간된 책을 통하여 많은 학생이 복음을 받아들이고 예수님을 만났습니다. 이것은 도서출판 한장연이 더욱 사명감을 가지고 사역을 하는 계기가 되었습니다. 그렇습니다. 복음에는 능력이 있어서 그것을 듣는 사람에게는 구원의 은혜가 임합니다. 문제는 누구든지 복음을 쉽게 이해하고 받아들일 수 있어야 합니다. 이런 측면에서 볼 때 본 공과는 쉽고, 재미있으며 오랫동안 기억에 남는 유익한 시청각 교육자료라고 확신합니다.

"이로써 그 보배롭고 지극히 큰 약속을 우리에게 주사 이 약속으로 말미암아 너희가 정욕 때문에 세상에서 썩어질 것을 피하여 신성한 성품에 참여하는 자가 되게 하려 하셨느니라." (베드로후서 1장 4절) 이 말씀은 하나님을 닮는 것, 예수님을 닮아 간다는 것은 구원받은 성도의 삶을 통해서 나타나는 자연스러운 모습입니다. 성경은 하나님의 말씀을 통해 우리가 세상에서 어떤 모습으로 살아야 하는지를 교훈하고 있습니다. 성품공과의 목적은 도덕적으로 바람직한 인성을 교육하는 것이 아니라 말씀과 성령을 통해서 하나님의 신성한 성품에 참여하는 사람이 되게 하는 것입니다. 하나님의 성품을 닮아간다는 것은 결코 쉽지 않습니다. 하지만 이번 하품예품 공과시리즈를 통해서 우리의 삶 가운데 역사하시는 하나님을 닮아가는 기회가 되기를 소원합니다.

본 공과는 한 영혼을 구원하기 위하여 헌신적인 기도와 노력을 아끼지 않았던 아름다운 동역자들과 함께 집필하였습니다. 바라기는 이 공과를 통하여 많은 학생들이 생명 구원과 신앙 성숙의 변화를 체험할 수 있기를 바라고 이 교재가 정말 축복의 통로가 되었다고 많은 학생들의 입을 통해 고백되었으면 좋겠습니다.

도서출판 한장연 대표 김 해 용 목사

제1권 1~13주

자비를 기뻐하시는 하나님

사도행전 9장 36절

욥바에는 다비다라고 부르는 여제자가 있었는데 그리스 말로는 도르가입니다. 그녀는 언제나 선한 일을 하고 가난한 사람들을 도왔습니다.

선을 따라 그리며 이야기를 읽어 보세요.

도르가는 어려운 사람을 많이 도와주었어요.
"이것 먹고 힘내세요!"

어느날 착한 도르가가 병이 들어 죽게 되어 사람들이 슬픔에 잠겼어요.

베드로가 기도하자 도르가가 살아났어요. 하나님이 도르가를 살려주셨어요. "우와~ 도르가가 살아났다! 하나님이 도르가를 살려주셨어!"

착한 도르가가 살아나자 많은 사람들이 기뻐하며 하나님을 믿게 되었어요.

남몰래 어려운 사람을 도와주는 도르가를 색칠해 보세요.

그림에 알맞는 이야기를 찾아 선으로 이어보세요.

베드로가 기도하자
도르가가 살아났어요.

착한 도르가가
병이 들어 죽었어요.

도르가는
가난한 사람을
도와주었어요.

도르가가 살아나자
사람들이 하나님을
믿었어요.

나는 누구를 도울 수 있는지 따라 써보세요.

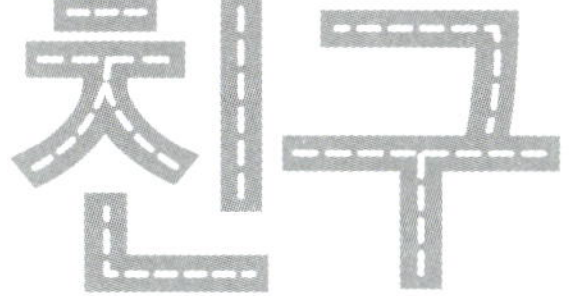

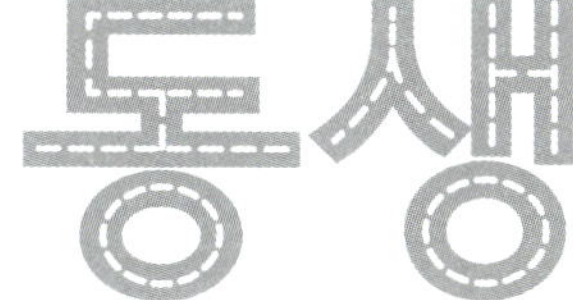

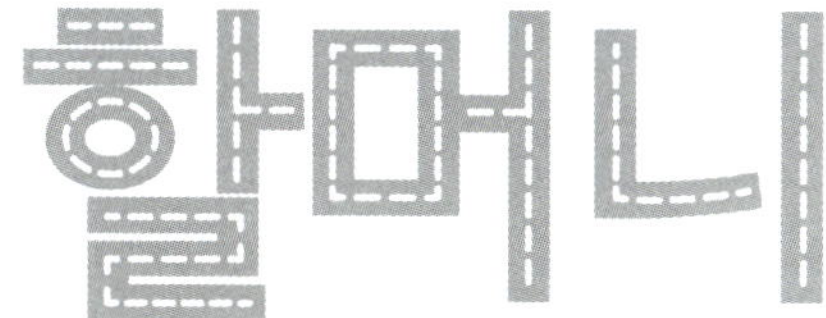

그림 카드를 보고 단어를 따라 써 보세요.

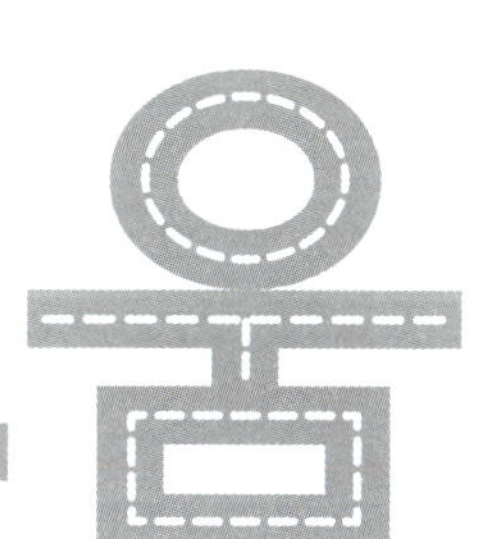

을 주었던 도르가

함께 기도해요.

하나님, ◯◯이(도) 도르가처럼 어려운 사람을 돕게 해 주세요.
예수님 이름으로 기도합니다. 아멘.

인자하신 하나님

시편 118편 1절
여호와께 감사하라. 그분은 선하시고 그분의 사랑은 영원하시다.

선을 따라 그리며 이야기를 읽어 보세요.

하나님은 모세에게 이렇게 말씀하셨어요.
"나는 자비롭고 은혜롭고 노하기를 더디하고 인자와 진실이 많은 하나님이다."

하나님이 소년 다윗을 도와주셔서 거인 골리앗을 이기게 하셨어요.

다윗이 죄를 짓고 밤낮으로 하나님께 용서를 구할 때 인자하신 하나님께서 다윗을 용서해 주셨어요.

하나님은 우리를 사랑하기 때문에 예수님을 보내셔서 우리를 구원해 주셨어요.

인자하신 하나님을 찬양하는 다윗을 색칠해 보세요.

우리의 죄 때문에 십자가에서 죽으신 예수님을 찾아가 보세요.

나를 도우시는 하나님의 이름을 따라 써보세요.

그림 카드를 보고 단어를 따라 써 보세요.

함께 기도해요.

하나님, ◯◯(이)를 구원해 주셔서 감사합니다.
예수님 이름으로 기도합니다. 아멘.

의롭게 하시는 하나님

로마서 3장 24절
그러나 그리스도 예수 안에 있는 구속으로 인해 하나님의 은혜로 값없이 의롭다는 인정을 받습니다.

선을 따라 그리며 이야기를 읽어 보세요.

하나님과 멀어진 사람들이 나쁜 짓을 하며 죄를 지었어요. "왜 내 것을 훔쳐!" "내가 언제 훔쳤어!"

예전에는 사람이 지은 죄를 하나님께 용서 받으려면 깨끗한 동물을 잡아 그 피로 제사를 드려야 했어요.

우리 죄를 대신하여 죽으신 예수님을 구원자로 믿으면 하나님이 우리를 의롭다고 불러 주세요.

하나님은 예수님을 믿는 사람을 하나님의 자녀가 되게 하셨어요. "누구든지 예수님을 믿으면 하나님의 자녀가 되는 것이란다." "내 친구에게 꼭 말 할래요!"

우리의 죄를 용서해 주신 예수님을 생각하며 그림을 완성해 보세요.

그림에 알맞는 이야기를 찾아 선으로 이어보세요.

하나님은 예수님을 믿고 따르는 사람을 기뻐하세요.

하나님은 나쁜 죄를 미워하세요.

옛날에는 죄를 지으면 동물로 제사를 드렸어요

예수님이 우리의 죄를 대신해서 십자가에서 죽으셨어요.

예수님과 가까워지기 위해 실천할 수 있는 것을 따라 써 보세요.

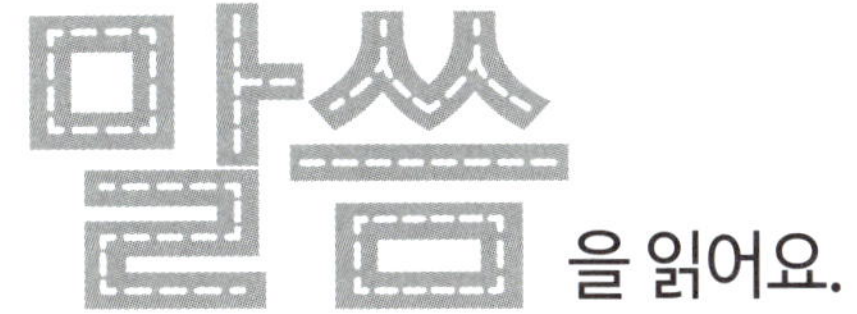 을 읽어요.

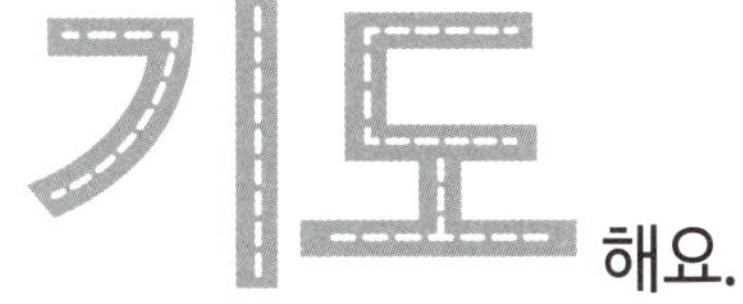 해요.

 해요.

그림 카드를 보고 단어를 따라 써 보세요.

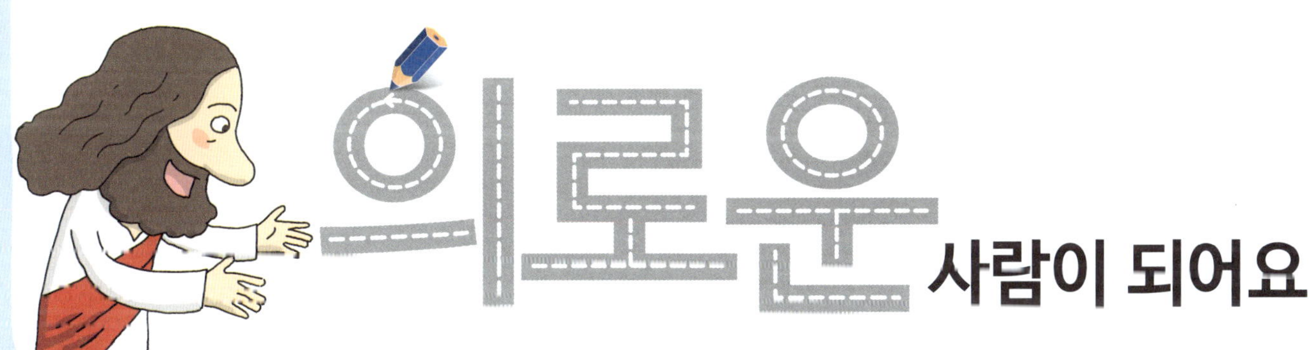 사람이 되어요

함께 기도해요.

하나님, ◌◌(이)가 예수님을 믿고 의로운 사람이 되게 해 주셔서 감사합니다. 예수님 이름으로 기도합니다. 아멘.

열심을 주신 하나님

골로새서 1장 29절
이 일을 위해 나도 내 안에서 능력으로 활동하시는 분의 역사를 따라 열심히 수고하고 있습니다.

선을 따라 그리며 이야기를 읽어 보세요.

사도 바울이 예전에는 예수님을 믿는 사람들을 감옥에 가두고 교회를 없애려는 사람이었어요. “다 잡아버리고 말겠다!”

바울은 환한 빛 속에서 예수님의 음성을 듣고 변화되었어요. “어~누구세요?” “나는 네가 괴롭히는 예수다!”

바울은 예수님을 전했기 때문에 감옥에 갇히게 되었지만 예수님의 은혜를 감사하며 찬양하였어요.

하나님이 바울에게 예수님을 열심히 전하도록 힘을 주셨어요. “오늘은 어디로 가서 예수님을 전할까?”

점선을 따라 살짝 접은후 잡아당겨 주세요.

퍼즐 사용방법

1. 퍼즐 하단의 점선을 따라 살짝 접은 후 잡아당겨 떼어냅니다.
2. 퍼즐을 가위로 잘라냅니다.
3. 16조각의 퍼즐을 재미있게 맞춰봅니다.

예수님을 믿은 후 어떤 변화가 생겼는지 낱말을 따라 써보세요.

맛있는 것을

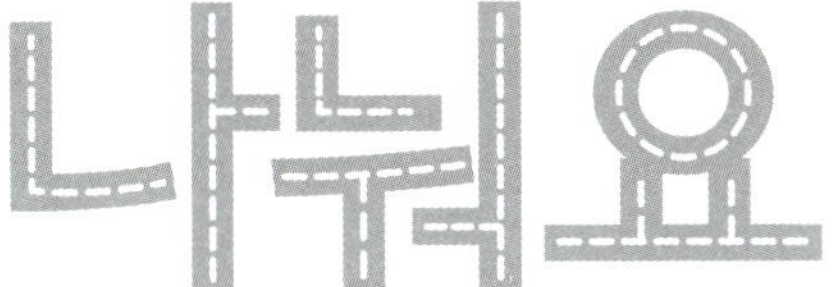

어려운 친구를

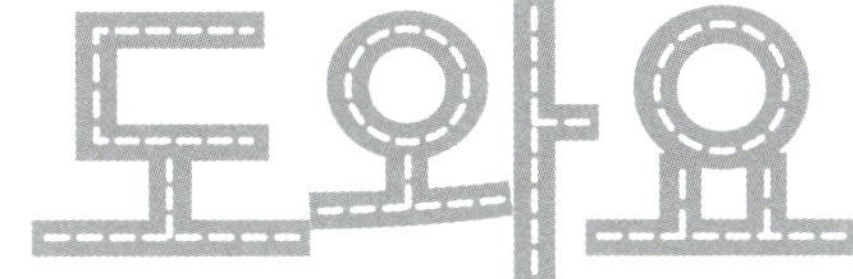

예수님 사랑을

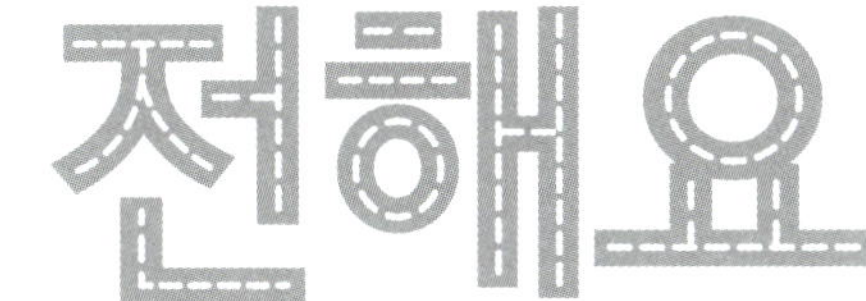

그림 카드를 보고 단어를 따라 써 보세요.

으로 전도한 바울

함께 기도해요.

하나님, ◌◌(이)도 사도 바울처럼 예수님을 열심히 전하도록 도와주세요. 예수님 이름으로 기도합니다. 아멘.

05 보호해 주시는 하나님

출애굽기 13장 22절
낮에는 구름 기둥이, 밤에는 불기둥이 백성들 앞에서 사라지지 않았습니다.

선을 따라 그리며 이야기를 읽어 보세요.

하나님이 사막을 지나 가나안으로 가는 이스라엘 백성을 보호하신다고 약속하셨어요. "나는 너의 하나님이다. 내가 너희들을 보호해 줄 것이다."

하나님이 낮에는 이스라엘 백성을 구름기둥으로 보호해 주셨어요. "구름으로 그늘을 만들어 주셨어! 참 시원하다! 하나님 감사합니다."

하나님이 밤에는 이스라엘 백성을 불기둥으로 보호해 주셨어요. "하나님이 불로 우리를 따뜻하게 해 주셨어! 환하고 따뜻해서 참 좋구나!"

하나님이 이스라엘 백성을 보호하셔서 가나안 땅으로 무사히 인도해 주셨어요.

 우리를 위험에서 보호하시는 하나님을 생각하며 색칠해 보세요.

하나님은 이스라엘 백성을 무엇으로 보호해 주셨을까요?
점들을 순서대로 이어보세요.

1 2 3 4 5 6

1 2 3 4 5 6 7 8 9 10

어려운 일을 만날 때 무엇을 할지 생각하며 낱말을 따라 써보세요.

하나님을

해요.

하나님께

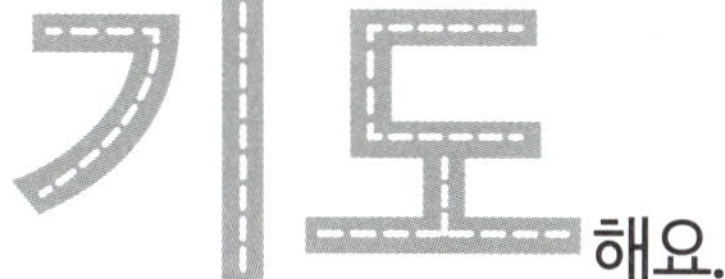

해요.

하나님

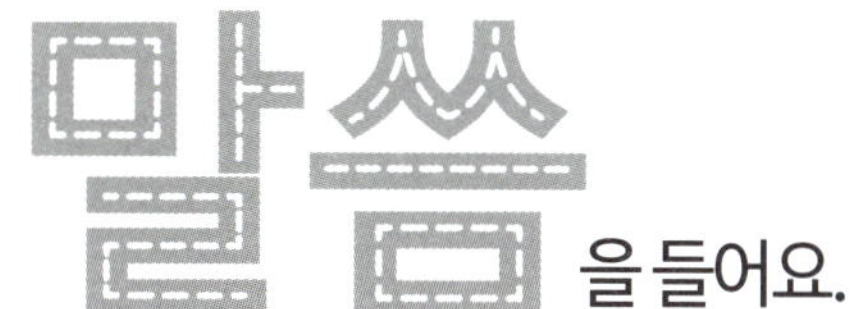

을 들어요.

그림 카드를 보고 단어를 따라 써 보세요.

하시는 하나님

함께 기도해요.

하나님, ◯◯(이)가 어려울 때 보호해 주셔서 감사합니다.
예수님 이름으로 기도합니다. 아멘.

06 성실을 좋아하시는 하나님

누가복음 2장 25절
당시 예루살렘에는 시므온이라는 사람이 있었습니다. 이 사람은 의롭고 경건한 사람으로 하나님께서 이스라엘을 위로하실 날을 손꼽아 기다리고 있었습니다. 그리고 성령께서 시므온에게 머물러 계셨습니다.

선을 따라 그리며 이야기를 읽어 보세요.

시므온은 구세주를 만나고 싶어서 오랫동안 기도하다가 하나님의 음성을 들었어요. "시므온아! 네가 살아있을 때 구세주를 볼 것이다!"

시므온은 하나님의 약속을 믿고 끈기있게 기다린 성실한 사람이었어요.

실망하지 않고 매일 성전에서 기도하던 시므온은 드디어 구세주이신 아기 예수님을 만났어요.

시므온은 아기 예수님을 안고 기뻐하며 감사기도를 드렸어요. "하나님, 구세주를 만나게 해 주셔서 감사합니다!"

 아기 예수님을 안고 기뻐하는 시므온을 색칠해 보세요.

그림에 알맞는 이야기를 찾아 선으로 이어보세요.

시므온은 구세주를 보내겠다는 하나님의 약속을 믿었어요.

시므온은 부모품에 안겨있는 아기 예수님을 만났어요.

시므온은 기도하면서 구세주(예수님)를 기다렸어요.

시므온은 아기 예수님을 안고 감사기도를 드렸어요.

예수님을 기다리는 성실한 사람이 누구인지 낱말을 따라 써보세요.

전도 하는 어린이 기도 하는 어린이 성경 읽는 어린이

그림 카드를 보고 단어를 따라 써 보세요.

성실 하게 기도했던 시므온

함께 기도해요.

하나님, ◯◯(이)가 예수님을 꼭 만나게 해 주세요.
예수님 이름으로 기도합니다. 아멘.

거룩하신 하나님

베드로전서 1장 15절
여러분을 부르신 분이 거룩하신 것처럼 여러분도 모든 행실에 거룩한 사람들이 되십시오.

선을 따라 그리며 이야기를 읽어 보세요.

예수님이 베드로에게 질문을 했어요. "내가 누구라고 생각하느냐?" "주는 그리스도시며 살아계신 하나님 아들입니다."

예수님이 베드로를 칭찬하시고 축복을 해 주셨어요.
"잘 대답했구나. 너에게 천국열쇠를 주겠다!"
"예수님, 감사합니다!"

베드로는 거룩한 예수님을 믿고 열심히 전도했어요.
"하나님의 아들 예수님을 믿으시오!"

베드로는 예수님처럼 거룩하게 살았어요.

 예수님처럼 거룩하게 살며 전도하는 베드로를 색칠해 보세요.

거룩한 예수님을 전하는 베드로를 찾아가 보세요.

내 안에 계신 예수님은 어떤 것을 원하시는지 낱말을 따라 써보세요.

좋은 말　　좋은 생각　　좋은 태도

그림 카드를 보고 단어를 따라 써 보세요.

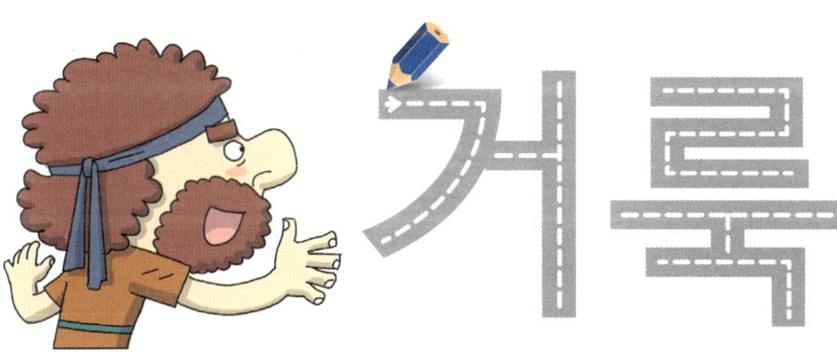

거룩 하게 사는 베드로

함께 기도해요.

하나님, ◯◯(이)의 마음이 거룩한 성전임을 기억하며 살게 해주세요. 예수님 이름으로 기도합니다. 아멘.

용서하시는 하나님

창세기 50장 20절
형님들은 저를 해치려고 악을 꾀했지만 하나님은 지금 보시는 것처럼 그것을 선하게 바꾸셔서 오늘날 많은 사람들의 생명을 구하셨습니다.

선을 따라 그리며 이야기를 읽어 보세요.

이집트의 총리가 된 요셉은 자기를 몰라보는 형들에게 자기가 바로 형들이 괴롭히며 노예로 판 동생임을 말했어요.

요셉에게 나쁜 짓을 한 형들이 두려워 떨며 용서를 구했어요. "아이고… 죽을 죄를 지었습니다! 저희들을 용서해 주세요!"

요셉은 형들의 나쁜 죄를 용서하며 하나님께 영광을 돌렸어요. "하나님께서 우리를 살려주셨으니 걱정 말고 저희와 함께 살아요!"

용서를 베푼 요셉을 보고 형들은 하나님을 믿게 되었고, 요셉은 큰 위험속에 있는 가족들을 모두 구해주게 되었어요.

가족을 용서하고 도리어 구해준 요셉을 색칠해 보세요.

그림에 알맞는 이야기를 찾아 선으로 이어보세요.

요셉은 형들의 나쁜 죄를 용서해 주었어요.

요셉은 부모와 형제들과 행복하게 살았어요.

요셉이 형들에게 자신이 누구인지 말했어요.

나쁜 짓을 한 형들이 요셉에게 용서를 구했어요.

어떤 친구를 용서해야 할지 낱말을 따라 써보세요.

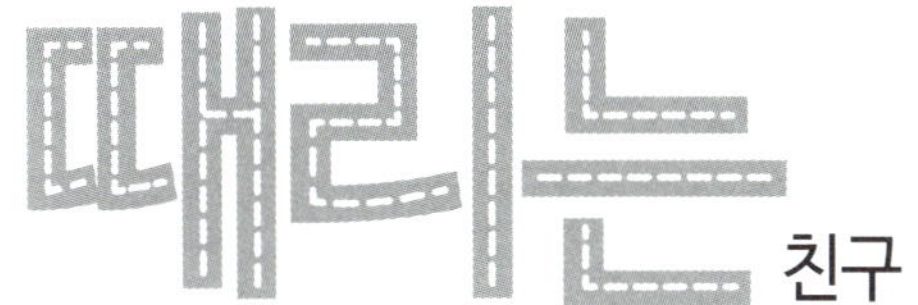

친구

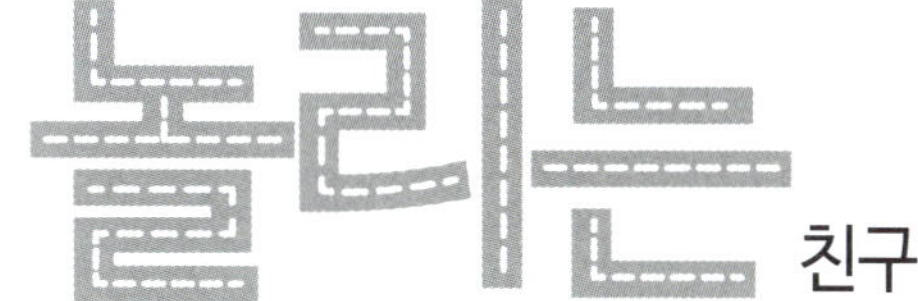

친구

친구

그림 카드를 보고 단어를 따라 써 보세요.

를 실천한 요셉

함께 기도해요.

하나님, ◯◯(이)가 용서하는 사람이 되도록 도와주세요.
예수님 이름으로 기도합니다. 아멘.

09 지혜를 주시는 하나님

열왕기상 3장 28절
온 이스라엘이 왕이 내린 판결을 듣고 왕을 두려워했습니다. 그들은 왕의 지혜로 판결하는 것을 보았기 때문입니다.

선을 따라 그리며 이야기를 읽어 보세요.

하나님께서 하나님을 사랑하고 말씀 순종에 힘쓰는 솔로몬에게 지혜를 주셨어요.

어느날 두 여인이 한 아기를 두고 서로 자기의 아이라고 싸우다가 솔로몬왕을 찾아 왔어요.

솔로몬 왕이 아이를 칼로 나눠주라고 하였을 때 울며 아이를 죽이지 말고 다른 여인에게 주라고 한 여인이 진짜 엄마라고 재판하였어요.

솔로몬 왕의 재판을 본 사람들은 모두 왕의 지혜에 감탄했어요.

점선을 따라 살짝 접은후 잡아당겨 주세요.

퍼즐 사용방법

1. 퍼즐 하단의 점선을 따라 살짝 접은 후 잡아당겨 떼어냅니다.
2. 퍼즐을 가위로 잘라냅니다.
3. 16조각의 퍼즐을 재미있게 맞춰봅니다.

하나님의 지혜를 얻기 위해 어떻게 해야 하는지 낱말을 따라 써 보세요.

하나님께

성경을

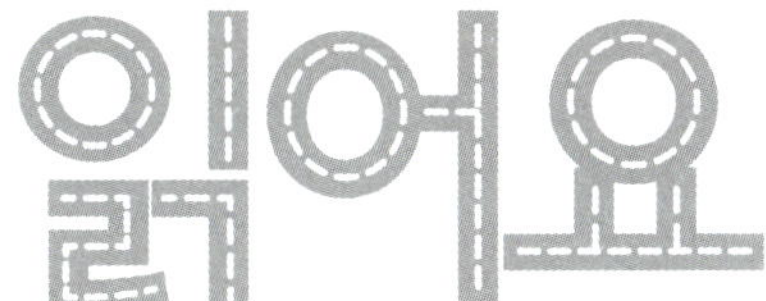

하나님의 말씀을

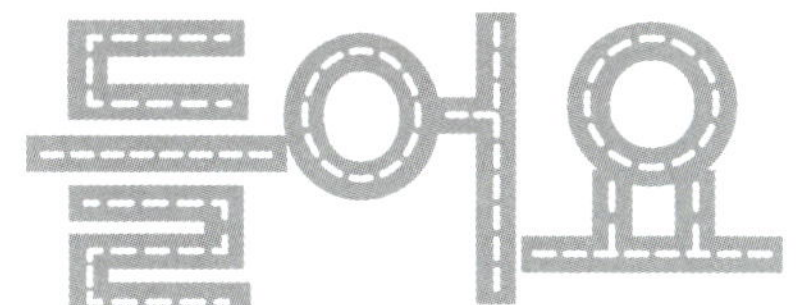

그림 카드를 보고 단어를 따라 써 보세요.

를 구한 솔로몬

함께 기도해요.

하나님, ◯◯(이)에게 지혜를 주셔서 하나님께 쓰임받게 해 주세요.
예수님 이름으로 기도합니다. 아멘.

죄를 싫어하시는 하나님

창세기 19장 24절
여호와께서 바로 하늘 위에서부터 소돔과 고모라 위에 유황과 불을 비처럼 쏟아 부으셨습니다.

선을 따라 그리며 이야기를 읽어 보세요.

소돔과 고모라에 사는 사람들이 날마다 싸우며 죄를 지었어요. “내 주먹맛을 봐라! 하나님은 없어! 내가 신이거든.”

하나님은 롯에게 천사를 보내어 소돔과 고모라가 불바다가 될 것을 알렸고 롯이 친척들에게 이곳을 떠나자고 하였으나 사람들은 롯을 비웃었어요.

롯은 아내와 두 딸을 데리고 성을 떠났고, 하나님은 죄가 가득한 소돔과 고모라에 큰 불을 내려 심판하셨어요.

천사들은 롯의 가족에게 뒤돌아 보지 말고 앞만 보고 가라고 했어요. 그러나 롯의 아내가 뒤를 돌아보는 순간 소금 기둥이 되고 말았어요.

하나님이 싫어하는 소돔과 고모라를 떠나는 롯의 가족을 색칠해 보세요.

하나님께서 소돔과 고모라성의 죄 짓는 사람들에게 무엇으로 심판 하셨을까요? 점들을 순서대로 이어보세요.

1 2 3 4 5 6

1 2 3 4 5 6

하나님께 죄를 지은 일이 있는지 낱말을 따라 써보세요.

물건을

친구를
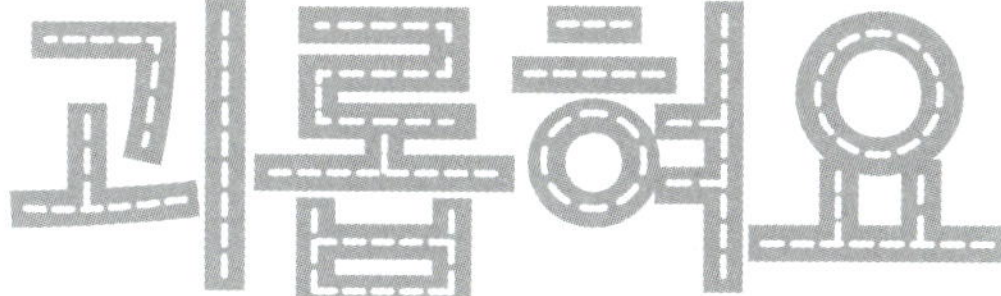

친구와
싸워요

그림 카드를 보고 단어를 따라 써 보세요.

를 떠나는 롯

함께 기도해요.

하나님, ◌◌(이)가 죄를 짓지 않게 도와주세요.
예수님 이름으로 기도합니다. 아멘.

교만을 아파하시는 하나님

창세기 11장 4절
그들이 서로 말했습니다. 자, 우리가 우리를 위해 성을 쌓고 하늘까지 닿는 탑을 쌓자 우리를 위해 이름을 내고 온 지면에 흩어지지 않게 하자.

선을 따라 그리며 이야기를 읽어 보세요.

교만한 사람들이 하나님보다 높아지려고 성을 쌓았어요. “영차! 영차! 성을 높이 쌓자! 우리가 하나님 보다 높아질 수 있어!”

하나님은 교만한 사람들을 보고 마음이 아프셨어요. 그래서 하나님께서는 사람들이 서로 말을 알아들을 수 없게 하셨어요.

말이 통하지 않자 혼란 속에 싸우던 사람들은 서로 말이 통하는 사람들끼리 모이며 흩어지게 되었어요.

쌓다가 그만둔 탑의 이름은 바벨탑이에요. 하나님이 교만한 사람들이 쌓아놓은 바벨탑을 무너뜨리셨어요.

하나님이 무너뜨린 교만한 사람들의 바벨탑을 색칠해 보세요.

그림에 알맞는 이야기를 찾아 선으로 이어보세요.

교만한 사람들이 하나님보다 높아지려고 성을 쌓았어요.

하나님이 사람들이 쌓아놓은 바벨탑을 무너뜨리셨어요.

하나님은 하나님을 비웃는 교만한 사람들 때문에 마음이 아프셨어요.

하나님은 교만한 사람들을 흩어지게 하셨어요.

하나님이 싫어하시는 교만이 무엇인지 낱말을 따라 써보세요.

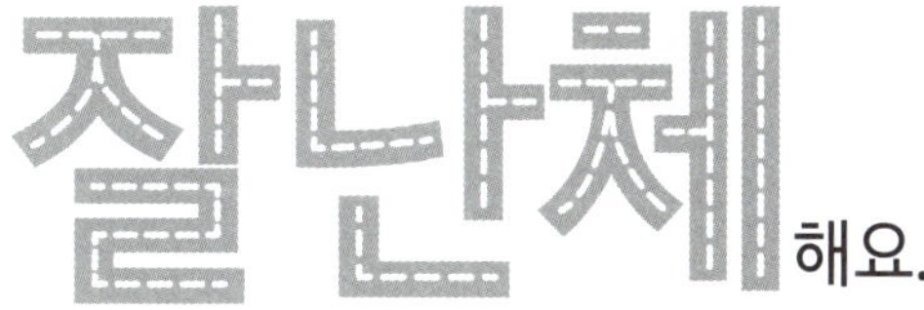

그림 카드를 보고 단어를 따라 써 보세요.

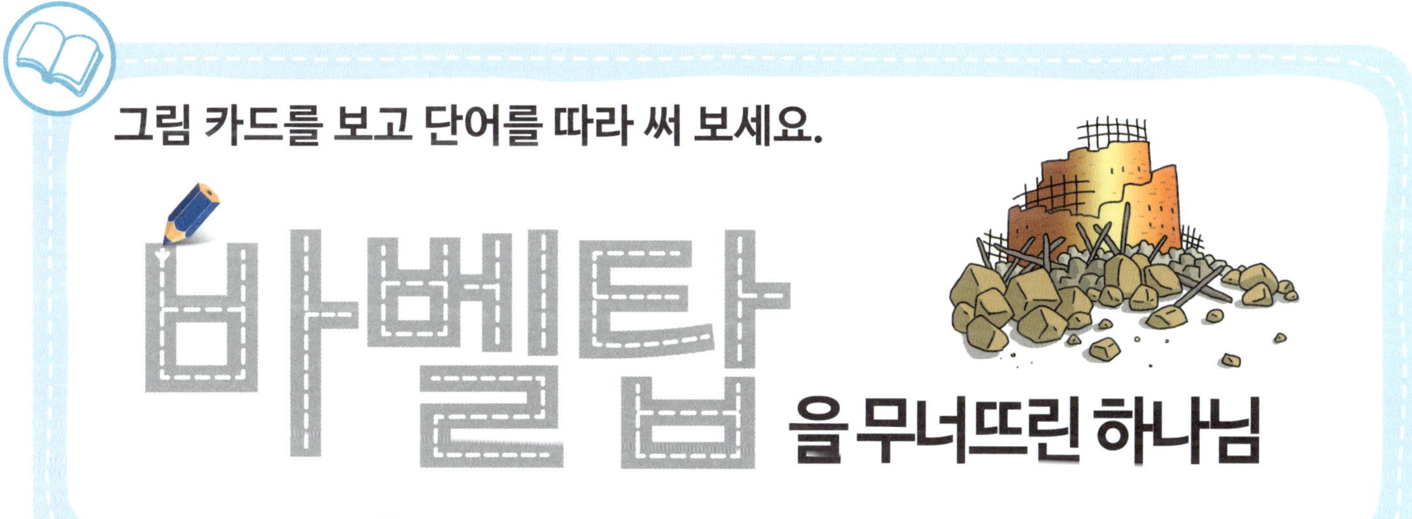

함께 기도해요.

하나님, ◯◯(이)가 교만하지 않도록 도와주세요.
예수님 이름으로 기도합니다. 아멘.

악한 마음을 원치 않으시는 하나님

본문말씀 : 사무엘상 15장 11절
내가 사울을 왕으로 삼은 것을 후회한다. 그는 내게서 등을 돌리고 내 지시를 따르지 않았다.

선을 따라 그리며 이야기를 읽어 보세요.

이스라엘 사람들이 하나님께 왕을 달라고 불평했어요. "우리에게 왕을 주세요! 이스라엘을 다스릴 왕을 주세요!"

하나님은 용모가 훌륭한 사울을 이스라엘 사람들의 왕으로 세워 주셨어요.

그러나 사울왕은 변하기 시작했고 나쁜 마음을 갖고 백성을 다스렸어요. "내 마음대로 백성을 다스릴꺼야!"

하나님은 나쁜 마음을 가진 사울 왕을 버리시고 하나님을 사랑하고 말씀대로 살려고 노력하는 다윗을 왕으로 세우셨어요.

하나님께서 칭찬하신 다윗왕을 색칠해 보세요.

다윗왕이 서있는 성벽의 길을 따라가며 미로찾기를 해보세요.

출발

도착

하나님이 싫어하시는 나쁜 마음이 무엇인지 낱말을 따라 써보세요.

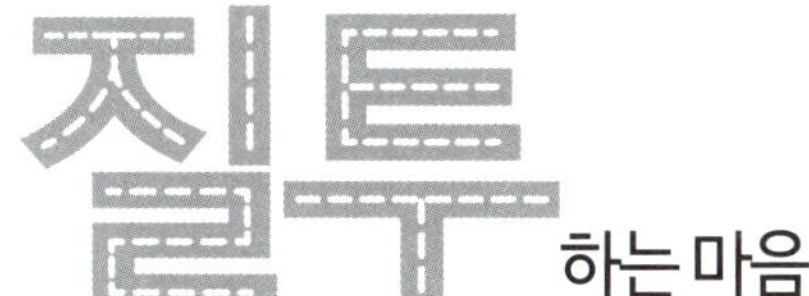

그림 카드를 보고 단어를 따라 써 보세요.

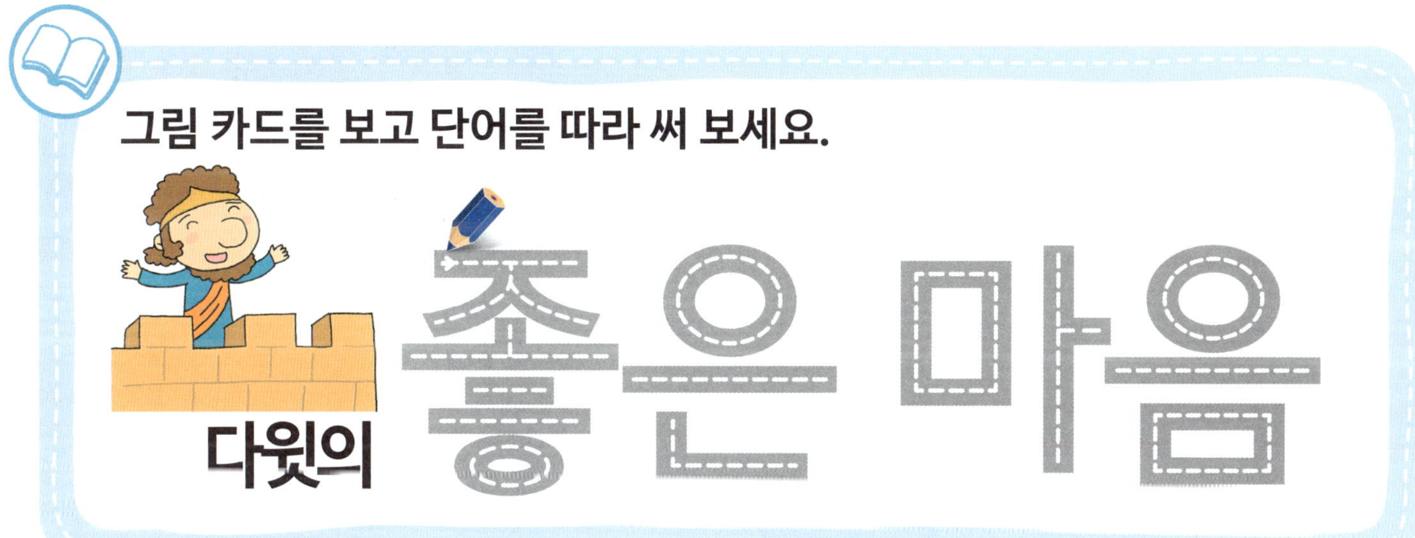

함께 기도해요.

하나님, ◯◯(이)가 나쁜 마음을 갖지 않도록 도와주세요.
예수님 이름으로 기도합니다. 아멘.

화내는 것을 싫어하시는 하나님

누가복음 10장 40절

마르다는 여러 가지 접대하는 일로 정신이 없었습니다. 그래서 마르다가 예수께 다가와 말했습니다.
주여, 제 동생이 저한테만 일을 떠 맡겼는데 왜 신경도 안 쓰십니까? 저를 좀 거들어 주라고 말씀해 주십시오!

선을 따라 그리며 이야기를 읽어 보세요.

마르다와 마리아는 예수님을 집으로 초대했어요.

마리아는 예수님의 말씀을 들었고 마르다는 바쁘게 음식을 만들었어요. "아이고~난 이렇게 바쁜데... 마리아 쟤는 말씀만 듣고 있냐?"

마르다가 예수님께 화를 내며 부탁을 드렸어요. "예수님, 저 바쁘거든요. 마리아 보고 저를 도우라고 말씀해 주세요!"

예수님은 중요한 것이 무엇인지 마르다에게 말씀해 주셨어요. "마르다야! 지금 중요한 것은 말씀을 듣는 거란다."

화내는 행동을 뉘우친 마르다를 색칠해 보세요.

하나님이 기뻐하시는 사람이 누구인지 ◯ 표시하고 따라 써보세요.

[ ]

말씀 듣는 사람

[ ]

성질 내는 사람

그림 카드를 보고 단어를 따라 써 보세요.

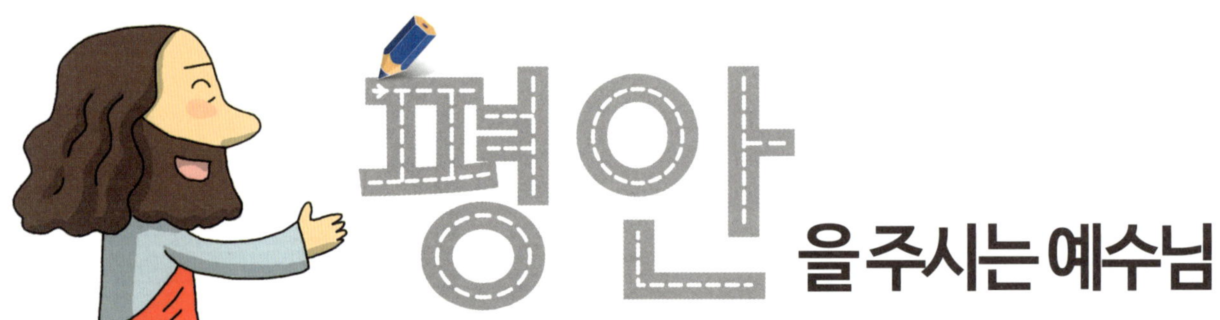

함께 기도해요.

하나님, ◯◯(이)가 화를 내지 않게 도와주세요.
예수님 이름으로 기도합니다. 아멘.